A ARTE DA GUERRA

SUN TZU

A ARTE DA GUERRA

TRADUÇÃO | Rafael Arrais

(com base na versão inglesa de Lionel Giles)

Veríssimo

COPYRIGHT © FARO EDITORIAL, 2025

Todos os direitos reservados.
Nenhuma parte deste livro pode ser reproduzida sob quaisquer meios existentes sem autorização por escrito do editor.

VERÍSSIMO é um selo da FARO EDITORIAL.

Diretor editorial **PEDRO ALMEIDA**
Coordenação editorial **CARLA SACRATO**
Preparação **ARIADNE MARTINS**
Revisão **BÁRBARA PARENTE**
Capa **REBECCA BARBOZA**
Diagramação **SAAVEDRA EDIÇÕES**
Imagens internas **JOHN LOCK, LENAALYONUSHKA, ARTUR BALYTSKYI, LL, UMAPORN THOONKHUNTHOD, KOMISSAR007, TOILETROOM | SHUTTERSTOCK**

Dados Internacionais de Catalogação na Publicação (CIP)
Angélica Ilacqua CRB-8/7057

Sunzi, séc. VI A.C.
　　A arte da guerra / Sun Tzu ; tradução de Rafael Arrais com base na versão inglesa de Lionel Giles.. — São Paulo : Faro Editorial, 2025.
　　96 p.

　　ISBN 978-65-5957-763-7
　　Título original: Art of war

　　1. Ciência militar - Obras anteriores a 1800 2. Estratégia I. Título II. Arrais, Rafael III. Giles, Lionel

21-0868	CDD 355

Índice para catálogo sistemático:
1. Ciência militar : Estratégia

Veríssimo

2ª edição brasileira: 2025
Direitos de edição em língua portuguesa, para o Brasil, adquiridos por FARO EDITORIAL.

Avenida Andrômeda, 885 — Sala 310
Alphaville — Barueri — SP — Brasil
CEP: 06473-000
www.faroeditorial.com.br

SUMÁRIO

Sobre a tradução   8

1. Planejamento inicial   9
2. Guerreando   15
3. Estratégia ofensiva   21
4. Disposições   25
5. Energia   32
6. Fraquezas e forças   37
7. Manobras   45
8. As nove variáveis   52
9. Movimentações   56
10. Terreno   66
11. As nove variáveis de terreno   72
12. Ataques com o emprego de fogo   85
13. Utilização de agentes secretos   88

Notas   93

SOBRE A TRADUÇÃO

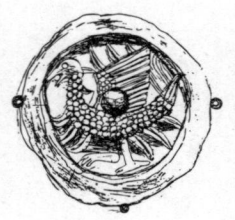

Na língua chinesa escrita de estilo antigo, cada palavra, em geral, era grafada usando um único caractere (monossilábico); era uma forma muito mais concisa e literária do que a língua falada. Como a obra *A arte da guerra* foi escrita no estilo antigo, o texto é extremamente conciso e não é de interpretação fácil, mesmo para um chinês. O significado de cada monossílabo, no meio de uma série contínua de caracteres sem pontuação, não surge espontaneamente; as frases têm uma estrutura mais difícil de detectar. As palavras que rimam sugerem as frases que estão presentes, mas nem sempre elas estão lá e muitas vezes a estrutura não fica perfeitamente clara. Sabe-se também que na época de Sun Tzu não havia uma escrita uniforme, porque a China não estava ainda politicamente unificada, e que o significado e pronúncia de muitos caracteres foi se alterando com o tempo.

Nesse cenário, seria deveras complexo e pretensioso traduzir tal obra direto do original. Felizmente, no entanto, podemos contar com a tradução clássica de Lionel Giles para o inglês, publicada originalmente em 1910. Giles (1875-1958) foi um estudioso e tradutor britânico, filho de um diplomata, Herbert Giles, que atuou muitos anos na China e, sendo também professor de chinês, traduziu obras clássicas de Confúcio, Lao-Tsé e Chuang Tzu. Seu filho, portanto, apenas completou a extensa obra com a tradução do clássico de Sun Tzu.

RAFAEL ARRAIS

1

PLANEJAMENTO INICIAL

*O líder inicia seu planejamento
antes de tomar qualquer ação (I Ching)*

Sun Tzu disse: A arte da guerra é de importância vital para o Estado.

É a matéria da vida e da morte, o caminho que leva à salvação ou à ruína do Império — é forçoso saber como conduzi-la da melhor forma.

Não refletir seriamente sobre o que ela concerne é dar prova de reprovável indiferença no que diz respeito à conservação ou perda do que nos é mais querido, e isso não deve ocorrer entre nós.

Cinco fatores principais devem ser objeto de nossa constante meditação e de nosso cuidado, como fazem os grandes artistas, que, ao empreender qualquer grande obra, têm presente em seu espírito aquilo a que se propõem, e aproveitando tudo o que veem e tudo o que entendem, não negligenciam adquirir novos conhecimentos e todos os recursos que possam conduzi-los ao êxito.

O primeiro desses fatores é o Tao, o segundo é o Tempo, o terceiro é o Terreno, o quarto é o Comando e o quinto é a Disciplina.

O Tao é aquilo que faz com que o povo esteja em harmonia com o seu governante, de modo que esteja pronto para segui-lo para onde for, sem que se tema por sua vida nem debande a qualquer sinal de perigo.[1]

O Tempo significa o Yin e o Yang,[2] a noite e o dia, o frio e o calor, dias ensolarados ou chuvosos e a sucessão das estações.

O Terreno se refere às distâncias e indica onde é fácil ou difícil deslocar-se, se em campo aberto ou através de lugares estreitos. Isso influencia as possibilidades de sobrevivência.

O Comando deve ter as seguintes virtudes: Sabedoria, Sinceridade, Benevolência, Coragem e Severidade.

Por último, a Disciplina deve ser compreendida como a organização do exército, as graduações e classes entre os oficiais, o regulamento das rotas de mantimentos e a provisão de material militar ao exército.

Estes cinco fatores devem ser conhecidos pelo general. Quem os domina vence, quem não os domina será derrotado.

Por isso, ao elaborar uma estratégia, deve-se realizar as seguintes perguntas, considerando cada resposta com extremo cuidado:

Qual dirigente é mais sábio e capaz?

Qual comandante possui maior talento?

Qual exército obtém as vantagens da natureza e do terreno?

Quais tropas observam melhor os regulamentos e as instruções?

Qual lado possui superioridade militar?

Qual exército têm oficiais e tropas mais bem treinados?

Qual exército administra recompensas e castigos de forma mais justa?

Ao estudar cuidadosamente essas sete questões, será possível prever qual lado sairá vitorioso e qual lado sairá derrotado.

O general que seguir o meu conselho certamente vencerá. Esse general deverá ser mantido no comando.

Aquele que ignora o meu conselho certamente será derrotado. Este deve ser substituído.

Mais do que prestar aos meus conselhos e planos, o general deve criar situações que contribuam para o seu cumprimento adequado.

Por situação digo que se deve considerar a situação do campo, e buscar atuar de acordo com o que é mais vantajoso.

A arte da guerra se baseia na dissimulação.

Por isso, quando tem a capacidade de atacar, finja incapacidade; e quando as tropas avançam, finja inatividade.

Se um general está perto do inimigo, deve fazê-lo crer que está longe. Se ele está distante, deve aparentar estar próximo.

Elabore iscas para atrair o inimigo.

Golpeie o inimigo quando ele estiver desordenado.

Prepare-se contra ele quando você e suas tropas estiverem em segurança.

Evite-o no período em que ele estiver mais forte.

Se o seu oponente tem temperamento colérico, busque irritá-lo.

Se ele é arrogante, trate de fomentar o seu egoísmo.

Se as tropas inimigas se acham bem preparadas após uma reorganização, procure desordená-las.

Se elas estão unidas, semeie a discórdia entre suas fileiras.

Ataque o inimigo quando ele não está preparado, e apareça quando ele menos espera.

Estas são as chaves da vitória para o estrategista.

Acaso as estimativas realizadas antes da batalha indiquem uma vitória, é porque os cálculos, que devem ser cuidadosamente efetuados, mostram que as suas condições são mais favoráveis que as condições do inimigo.

Se indicam derrota, é porque mostram que as condições para a batalha estão a favor do inimigo.

Com uma avaliação cuidadosa pode-se obter uma vitória: sem ela, é praticamente impossível.

Aquele que não realiza planejamento algum terá chances ínfimas de vitória.

Com base neste método, pode-se examinar qualquer situação de conflito e definir o resultado com grande clareza e precisão.

2

GUERREANDO

Sun Tzu disse: Uma vez iniciada a batalha, ainda que esteja ganhando, se prosseguir por muito tempo em guerra, desanimará as suas tropas e cegará sua espada.

Se sitiar uma cidade indefinidamente, esgotará suas forças. Se mantiver seu exército durante muito tempo em campanha, seus mantimentos se esgotarão.

As armas são instrumentos de má sorte; empregá-las por muito tempo o conduzirá a sua ruína.[3]

Como se tem dito: "Os que pelo ferro matam, pelo ferro morrem".

Quando suas tropas estão desanimadas, sua espada cega, suas forças esgotadas e seus mantimentos escassos, até os seus subordinados se aproveitarão da sua debilidade para se amotinar contra o seu comando.

Então, ainda que tenha conselheiros sábios, ao fim não pode fazer com que as coisas andem bem.

Portanto, os que não são totalmente conscientes das desvantagens do uso prolongado das armas não podem ser totalmente conscientes das vantagens que elas lhes proporcionam na arte da guerra.

Por causa disso, já ouvimos falar de operações militares que são contundentes e repentinas, porém nunca se viu nenhum especialista na arte da guerra que se mantivesse numa mesma campanha por muito tempo.

Nunca é benéfico para um país deixar que uma operação militar se prolongue por muito tempo.

Como se costuma dizer, seja rápido como o trovão, que retumba antes de haver tempo para tapar os ouvidos, e veloz como o relâmpago, que brilha antes de haver tempo para piscar.

Os que utilizam os meios militares com perícia não convocam suas tropas duas vezes nem solicitam provisões a todo momento.

Isto quer dizer que não se deve mobilizar o povo mais de uma vez por campanha, e que imediatamente depois de alcançar a vitória não se deve regressar ao próprio país para fazer uma segunda convocação.

A princípio, isso significa proporcionar alimentos para suas próprias tropas, porém depois se retiram os alimentos dos campos inimigos.

Se, em vez de trazer os mantimentos e as armas de seu próprio país, saqueá-los do seu inimigo, estará bem abastecido de armas e provisões.

Quando um país empobrece por causa das operações militares, isso se deve ao transporte de provisões através de grandes distâncias.

Se decidir transportar suas provisões desde um lugar muito distante, o povo empobrecerá.

Os que habitam nas cercanias de suas tropas podem vender suas colheitas a preços elevados, porém se encerra desse modo o bem-estar da maioria da população.

Quando se transportam as provisões por longas distâncias, ocorrem calamidades por causa do alto custo.

Nos mercados próximos ao exército, os preços das mercadorias aumentam rapidamente. Portanto, as longas campanhas militares constituem uma ferida aberta para o país.

Quando se esgotam os recursos, os impostos são arrecadados sob pressão.

Quando o poder e os recursos se exaurem, o próprio país se encontra arruinado.

O povo é privado de grande parte de seus produtos, enquanto os gastos do governo com os armamentos se elevam rapidamente.

Os homens comuns constituem a base de um país, a colheita e os alimentos são a fonte para a felicidade do povo.

O príncipe deve respeitar esse fato e ser sóbrio e austero em seus gastos públicos.

Dessa forma, um general inteligente luta para desprover o inimigo de seus alimentos.

Cada porção de alimentos saqueados do inimigo equivale a vinte que forneceria a suas próprias tropas.

Assim, pois, o que arrasa o inimigo é a sua própria imprudência, e também a motivação das suas tropas em mitigar os benefícios que ele possa ter em sua atual posição.

Quando recompensa seus homens com as riquezas que os adversários ostentavam, eles lutarão por iniciativa própria, e assim você poderá tomar o posto de poder e influência que tinha o inimigo.

É por isso que se diz que onde há grandes recompensas, há homens valentes.

Dessa forma, nas batalhas de carruagens, primeiro recompense a tropa que capturar ao menos dez carruagens do inimigo.

Se você oferece recompensas a todo mundo, não haverá suficiente para todos; assim, pois, oferece uma recompensa a um bom soldado para animar a todos os demais.

Troque as cores das vestes e dos estandartes dos soldados inimigos feitos prisioneiros, utilize-os misturados aos seus.

Trate bem os soldados e lhes preste toda a atenção. Os soldados prisioneiros devem ser bem tratados, para conseguir que no futuro eles lutem em sua causa.

A isso se chama "vencer o adversário e os absorver por acréscimo em suas próprias tropas".

Se você utiliza o inimigo para derrotar o inimigo, será poderoso em qualquer lugar por onde marchar.

Assim, pois, o mais importante em uma operação militar é a vitória, e não a persistência. Esta última não é benéfica.

Um exército é como o fogo: se não o apagar a tempo, após a guerra ele não tardará a consumir a si mesmo.

20

Dessa forma, é bom que fique estabelecido a todo o povo que cabe somente ao comandante do exército a difícil decisão sobre o destino da guerra.

Todo o país depende de sua arte na estratégia, é ela quem irá dizer se todos se encaminham para a paz duradoura ou para o conflito exaustivo.

3
ESTRATÉGIA OFENSIVA

Sun Tzu disse: Na arte da guerra, o melhor é tomar o país do inimigo por inteiro e intacto, sem arrasá-lo, sem destruí-lo.

Por isso, é melhor recapturar um exército inteiro que o destruir; é melhor capturar um regimento, uma tropa ou companhia inteiros do que os destruir.

Portanto, lutar e conquistar em todas as batalhas não é a excelência suprema; a excelência suprema consiste em minar a resistência do inimigo e vencê-lo sem que haja qualquer batalha.

Assim, a forma mais elevada de comando é interromper os planos inimigos; a segunda melhor é prevenir a junção das forças inimigas; a seguinte nesta ordem é atacar o exército inimigo no campo; e a pior é montar cerco a cidades muradas.

A regra é não atacar cidades muradas se isso puder ser evitado.

A preparação de proteções, abrigos móveis e dos diversos equipamentos de guerra irá demorar até três meses; e empilhar montes contra os muros demorará outros três.

O general, incapaz de controlar a sua raiva, lançará os homens para o assalto como um enxame de formigas, como resultado, um terço dos seus homens será abatido, enquanto o interior da cidade permanecerá intocado.

Tais são os efeitos desastrosos de um cerco.

O líder habilidoso domina as tropas inimigas sem nenhuma batalha; captura as suas cidades sem lhes pôr em cerco; derrota o seu reino sem operações de campo prolongadas.

Com as suas forças intactas, ele disputará o domínio do Império, e assim, sem perder um único homem, o seu triunfo será completo.

Esta é a maneira de se atacar por meio da estratégia.

É regra na guerra, se as nossas forças são dez e as do inimigo um, rodeá-lo; se as nossas são cinco e as do inimigo um, atacá-lo;

ESTRATÉGIA OFENSIVA

se formos duas vezes mais numerosos, dividir o nosso exército em duas frentes de ataque.

Se o inimigo nos igualar no campo, podemos entrar em batalha, mas se formos ligeiramente inferiores em número, o ideal é evitar o conflito em campo aberto.

E se formos muito inferiores em todos os sentidos, a melhor estratégia é a fuga.

Assim, apesar de uma luta obstinada poder ser realizada por uma pequena força, no fim ela será capturada por uma força maior.

O general é um bastião do Estado; se o bastião for completo em todos os pontos, o Estado será forte; se o bastião for defeituoso, o Estado será fraco.

Há três maneiras de um líder trazer má sorte sobre o seu exército:

Comandar o exército a avançar ou recuar, ignorando que ele não pode obedecer. A isso chamamos "fazer mancar o exército".

Tentar governar um exército da mesma forma que se administra um reino, ignorando as duras condições em que se encontra um exército em campanha. Isso causa revolta nos soldados.

Empregando os seus oficiais sem avaliar suas capacidades, ignorando o princípio militar da adaptação às circunstâncias. Isso mina a confiança dos soldados.

Dessa forma, quando o exército está inseguro e desconfiado, é certo que outros problemas virão de outros príncipes feudais.[4]

Isso é simplesmente trazer anarquia ao exército, atirando a vitória para longe.

Assim, sabemos que há cinco pontos essenciais para a vitória:
Será vitorioso aquele que sabe quando lutar e quando não lutar.
Será vitorioso aquele que sabe lidar com forças superiores e inferiores.
Será vitorioso aquele cujo exército seja animado pelo mesmo espírito em toda a sua hierarquia.
Será vitorioso aquele que, protegendo-se, aguarda para atacar um inimigo desprotegido.
Será vitorioso aquele que tem capacidade militar e não sofre interferência do seu soberano.

Daí o ditado: "Se conhece o inimigo e conhece a si próprio, não precisará temer pelo resultado de uma centena de batalhas.

"Se conhece a si mesmo, mas não ao inimigo, para cada vitória sofrerá uma derrota.

"Se não conhece o inimigo nem conhece a si próprio, sucumbirá em todas as batalhas."

4

DISPOSIÇÕES

Sun Tzu disse: Antigamente, os maiores guerreiros se preocupavam em tornar a si mesmos invencíveis em primeiro lugar, e depois aguardavam até descobrir a vulnerabilidade de seus adversários.

Fazer-se invencível significa conhecer a si mesmo; aguardar para descobrir a vulnerabilidade do adversário significa conhecer os demais.

A invencibilidade se encontra em você mesmo, a vulnerabilidade se encontra no adversário.

Por isso, os grandes guerreiros podem ser invencíveis, porém não podem garantir como certa a vulnerabilidade do adversário.

Se você não dispõe de relatos de batalha por meio dos quais possa se informar de seus adversários, nem conhece negligências ou falhas das quais possa se aproveitar no exército inimigo, como poderá considerar como certa uma vitória?

Por isso é que dizemos: a vitória pode ser percebida, porém não fabricada.

A invencibilidade é uma questão de defesa; a vulnerabilidade, uma questão de ataque.

Enquanto não tenha observado vulnerabilidades nas formações de batalha dos adversários, oculte sua própria formação de ataque, e prepare-se para ser invencível, com a finalidade de se preservar.

Quando os adversários se encontram em formações de batalha vulneráveis, é o momento de sair e atacá-los.

A defesa é indicada para os tempos de escassez, o ataque é indicado para os tempos de abundância.

Os especialistas em defesa conseguem se proteger até nas profundezas da terra.

Os especialistas em manobras de ataque se escondem nas mais elevadas alturas do céu, e golpeiam como um relâmpago.

Dessa maneira podem se proteger enquanto avançam sobre o inimigo, e assim alcançar a vitória total.[5]

Em situações de defesa, cale as vozes e elimine os cheiros, faça com que as frotas se movimentem escondidas como fantasmas e espíritos sob a terra, invisíveis para todo mundo.

Em situações de ataque, avance rapidamente e estimule suas tropas a gritar de forma fulgurante; então golpeie veloz como um relâmpago, para que seus adversários não possam se preparar nem entrar em formações defensivas.

Prever a vitória quando qualquer um pode concebê-la não constitui a verdadeira habilidade.

Todo mundo elogia a vitória conquistada em batalhas, porém essa vitória não é realmente tão relevante.

Todos elogiam a vitória nas batalhas, porém o verdadeiramente desejável é poder ver o mundo do sutil e ter em conta o mundo do oculto, a ponto de ser capaz de alcançar a vitória onde antes não havia nenhuma forma previsível dela.

Não se requer muita força para levantar um fio de cabelo, não é necessário ter uma visão de águia para ver o Sol e a Lua, nem se necessita ter ouvidos de lobo para escutar o retumbar do trovão.

O que todo mundo conhece não se chama sabedoria; a vitória sobre os demais obtida por meio das batalhas não é considerada uma boa vitória.

Na Antiguidade, os que eram conhecidos como grandes guerreiros venciam quando era fácil vencer.

Se você só é capaz de assegurar a vitória depois de enfrentar um adversário em um conflito armado, essa vitória é uma dura vitória.
Mas se for capaz de ver o sutil e de ter em conta o oculto, irrompendo antes das preparações de batalha, a vitória assim obtida é uma vitória fácil.

Em consequência, as vitórias dos grandes guerreiros se destacam por sua inteligência ou sua bravura.
Assim, pois, as vitórias que conquistam em batalha não são devido à sua sorte. Suas vitórias não são casualidades, mas são antes

fruto de sua estratégia e de planejamento, de modo que, quando atacam, seus adversários já estão fadados à derrota.

Os maiores guerreiros da Antiguidade geralmente obtinham suas vitórias antes mesmo de as batalhas haverem se iniciado.

A grande sabedoria não é algo óbvio, o grande mérito não se anuncia.

Quando você é capaz de ver o sutil, é fácil ganhar; que tem isso a ver com a inteligência ou a bravura?

Quando se resolvem os problemas antes que eles surjam, quem chama a isso de inteligência?

Quando há vitória sem batalha, quem fala em bravura?

Assim, pois, os grandes guerreiros tomam posição em um terreno no qual não podem perder, e não deixam de perceber as condições que fazem seus adversários se inclinarem à derrota.

Em consequência, um exército vitorioso ganha primeiro e inicia a batalha depois; um exército derrotado luta primeiro e tenta obter a vitória depois.

Esta é a diferença entre os que possuem uma estratégia e os que não têm planos premeditados.

Os que utilizam boas armas cultivam o Caminho[6] e observam as leis. Assim, podem governar prevalecendo sobre os corruptos.

Servir-se da harmonia para desvanecer a oposição, não atacar um exército inocente, não fazer prisioneiros ou tomar saques por onde passa o exército, não cortar as árvores nem contaminar os poços, limpar e purificar os templos das cidades e montanhas que atravessar pelo caminho, não repetir os erros de uma civilização decadente, a tudo isso chamamos o Tao e suas leis.

Quando o exército está estritamente disciplinado, a ponto de que os soldados morreriam antes de desobedecer às ordens, e as recompensas e os castigos merecem confiança e estão bem estabelecidos, quando os chefes e oficiais são capazes de atuar dessa forma, podem vencer um príncipe inimigo corrupto.

As regras militares são cinco: medição, valoração, cálculo, comparação e vitória.

O terreno dá lugar às medições, estas dão lugar às valorações, as valorações aos cálculos, estes às comparações, e as comparações dão lugar às vitórias.

Mediante comparações das dimensões de poderio militar em ambos os lados, você pode prever onde haverá vitória ou derrota.

Em consequência, um exército vitorioso é como um quilo comparado a um grama; já um exército derrotado é como um grama comparado a um quilo.

Quando o que sai vitorioso consegue que o seu povo avance para a batalha como se estivesse movendo uma grande corrente de água ao longo de um cânion profundo, isso é uma questão de estratégia e planejamento das formações de batalha.

Quando a água se acumula em um cânion profundo, ninguém pode medir sua quantidade, o mesmo ocorre com a defesa que não mostra sua forma.

Quando se libera a água, ela se precipita abaixo como uma torrente, de maneira tão irresistível como um ataque vitorioso.

5
ENERGIA

1

Sun Tzu disse: Para guiar uma força grande, usa-se o mesmo princípio empregado para guiar poucos homens: é meramente uma questão de dividir os seus números.

2

Lutar com um grande exército sob o seu comando não é diferente de lutar com um pequeno: é meramente uma questão de instituir símbolos e sinais.

3

Garantir que toda a tropa possa aguentar um ataque inimigo e permanecer resistente — isso é efetuado por manobras militares diretas e indiretas.

4

Que o impacto do seu exército possa ser como o de uma pedra atirada contra um ovo — isso é efetuado pela ciência dos pontos fracos e fortes.

ENERGIA

Em todas as lutas, o método direto pode ser usado para entrar numa batalha, mas os métodos indiretos serão necessários para garantir a vitória.

Táticas indiretas, eficientemente aplicadas, são infinitas como o céu e a terra, infindáveis como a corrente dos rios e das marés; como o sol e a lua, elas não acabam senão para recomeçar; como as quatro estações, elas se vão, mas retornam.

Não há mais do que cinco notas musicais; contudo a combinação dessas cinco notas dá origem a mais melodias do que poderemos ouvir em uma vida.

Não há mais do que cinco cores primárias; no entanto, combinadas, elas produzem mais tons do que podem ser percebidos.

Não há mais que cinco sabores básicos; porém, as suas combinações geram mais sabores do que alguma vez se conseguiria provar.[7]

Em batalha, não há mais do que dois métodos de ataque — o direto e o indireto; mas esses dois combinados geram uma série interminável de manobras.

O direto e o indireto levam cada um ao outro ao seu turno. Como num círculo em movimento, eles nunca chegam ao fim. Quem pode experimentar todas as possibilidades das suas combinações?

A investida das tropas é como o agitar de uma torrente que arrastará até as pedras em seu caminho.

A qualidade da decisão é como a descida bem calculada de um falcão, que lhe permite atacar de surpresa e destruir as suas presas.

Assim, o grande guerreiro será letal em sua investida e preciso em sua decisão.

15

A energia pode ser comparada ao vergar de uma besta; a decisão, ao pressionar do gatilho.

16

Entre o tumulto da batalha, pode haver desordem aparente e, no entanto, nenhuma desordem real; entre a confusão e o caos, o seu exército pode não ter cabeça ou cauda, contudo estará protegido da derrota.

17

A desordem simulada exige uma disciplina perfeita; o medo simulado exige coragem; a fraqueza simulada exige força.

18

Ocultar a ordem sob um manto de desordem é simplesmente uma questão de subdivisão; esconder a coragem sob uma representação de timidez pressupõe uma energia latente; mascarar a força com fraqueza é ser disciplinado nas formações táticas.

19

Assim, alguém habilidoso o bastante em manter o inimigo em movimento mantém uma aparência enganosa, sobre a qual o inimigo agirá.

Ele sacrifica algo para que o inimigo possa agarrá-lo.

20

Usando iscas, ele mantém o inimigo em marcha; depois, com um conjunto de homens cuidadosamente selecionados, aguarda por seu adversário.

21

O combatente inteligente conhece o efeito da energia combinada, e não exige demasiado de cada indivíduo.
Daí a sua habilidade de escolher os homens certos e usar a sua energia combinada.

22

Quando ele utiliza energia combinada, os seus combatentes tornam-se como troncos ou pedras em deslize.
Pois é da natureza dos troncos e das pedras permanecerem imóveis quando num nível plano, e moverem-se quando numa inclinação; se forem quadrados, acabarão por parar, mas se forem redondos, continuarão a rolar.

23

Dessa forma, a energia criada por grandes guerreiros está no movimento de uma pedra bastante redonda rolando abaixo por uma montanha com milhares de metros.
É esse o significado da energia.

6
FRAQUEZAS E FORÇAS

1

Sun Tzu disse: Quem ocupa primeiro o campo de batalha e espera pela chegada do inimigo, estará descansado para a luta; aquele que chega depois e se precipita para a batalha, chegará com suas tropas mais cansadas.

2

Dessa forma, o general inteligente impõe sua vontade e tem sempre o seu inimigo onde quer, mas não permite que o inimigo manipule os seus movimentos.

3

Ao conceder vantagens aparentes ao inimigo, ele o manipula e o atraí para sua emboscada.

Da mesma forma, ao efetuar constantes ataques às tropas inimigas, ele pode fazer com que elas não se aproximem muito de determinado local.

4

Se o inimigo está descansado, ele pode importuná-lo; se está bem servido de alimentos, ele pode atacar suas vias de provisões e deixá-lo faminto; se está acampado e quieto, ele pode forçá-lo a se mover novamente.

5

Apareça em pontos vulneráveis onde o inimigo precise se precipitar para a defesa; marche em velocidade para locais onde você não é esperado.

6

Um exército pode marchar por grandes distâncias sem dificuldade quando marcha através de territórios neutros onde não há inimigos.

7

Você pode estar certo do sucesso de suas investidas quando ataca somente pontos desguarnecidos e vulneráveis do inimigo.
Você pode estar certo da segurança de sua defesa quando a posiciona em territórios que dificilmente serão tomados.

8

Dessa forma, o bom comandante é hábil em atacar os pontos onde o oponente não sabe como se defender; e é hábil em se defender nos locais em que o oponente não sabe como atacar.

9

Ó, a divina arte da sutileza e do sigilo!
Através dela nós aprendemos a nos movimentar invisíveis e inaudíveis.
Através dela marchamos sem deixar rastro, como misteriosos espíritos da floresta.
Através dela, temos o destino do inimigo em nossas mãos.

10

Você poderá avançar sem oposição, se procura mirar os pontos vulneráveis do inimigo; você poderá se retirar da visão do inimigo e evitar qualquer perseguição, quando os movimentos de suas tropas suplantam a velocidade do exército adversário.

11

Caso deseje engajar em batalha, o inimigo poderá ser forçado a tal ação ainda que esteja protegido por uma alta muralha envolta por um fosso profundo.
Tudo o que precisa fazer é atacar noutro local onde o inimigo seja forçado a sair de sua base para se defender.

12

Se não quiser lutar, pode impedir o inimigo de atacar, mesmo que as linhas do acampamento estejam apenas marcadas no chão. Basta atirar algo inesperado e inexplicável em seu caminho.

13

Saber as posições do inimigo enquanto ele desconhece as nossas nos permite manter as forças concentradas, enquanto que o inimigo precisa dispersar as suas.

14

Dessa forma, quando nossas forças se concentram, enquanto as do inimigo se dividem, seremos muitos contra frações dispersas do inimigo.

15

Então, se for possível atacar forças inferiores com uma força superior, nossos oponentes enfrentarão sérias dificuldades.

16

O lugar que pretendemos atacar não deve ser conhecido, para que o inimigo seja obrigado a defender diversos pontos.

Quanto mais locais o inimigo tiver que defender, mais divididas estarão as suas forças.

17

Se o inimigo fortificar a sua vanguarda, a sua retaguarda ficará desprotegida; se fortificar a sua retaguarda, a sua vanguarda ficará desprotegida; se fortalecer a sua esquerda, a sua direita ficará debilitada; se fortalecer a sua direita, debilitará a sua esquerda.

Se tentar fortalecer todas as direções, estará enfraquecido em todas elas.

18

Inferioridade numérica surge quando temos que nos preparar contra vários ataques.

A superioridade numérica ocorre quando obrigamos o inimigo a se preparar contra os nossos ataques.

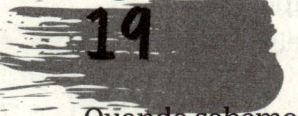

19

Quando sabemos o local e a hora da batalha, podemos concentrar nossas forças a partir de grandes distâncias.

20

Mas se não se sabe nem o local nem a hora, a ala esquerda não poderá socorrer a direita, assim como a direita não poderá socorrer a esquerda; a vanguarda não poderá ajudar a retaguarda, ou a retaguarda fortalecer a vanguarda, por mais próximas ou afastadas que as tropas estejam.

21

Embora as tropas do inimigo sejam mais numerosas que as nossas, não terão com isso uma vantagem decisiva para conseguir a vitória.

Eu digo que ainda assim poderemos vencer.

22

Embora o inimigo seja mais numeroso, podemos impedi-lo de lutar.

23

Analisando os seus planos, saberá quais as suas hipóteses de vencer; provocando-o, saberá quais as suas capacidades.

Force-o a revelar os seus pontos vulneráveis.

24

Compare cuidadosamente o exército inimigo e o seu, para que possa saber onde há força em excesso e onde ela lhe falta.

25

O melhor a fazer é manter as suas táticas militares secretas.

Ao esconder as suas movimentações, estará a salvo das investigações do mais sutil dos espiões; estará a salvo das mais perigosas conspirações.

FRAQUEZAS E FORÇAS

26

Não pode ser do conhecimento de todos a forma como as suas táticas se sobrepuseram às do inimigo.

27

Todos podem ver as suas táticas no campo de batalha, mas não podem saber qual a estratégia que lhe trouxe a vitória.

28

Não repita as táticas que já lhe trouxeram vitórias, deixe que os seus métodos surjam das diversas circunstâncias que rodeiam a batalha.

29

As táticas militares são como a água: no seu curso natural, a água corre do local mais elevado para o mais baixo, pelo melhor caminho que encontra.[8]

30

Na guerra, deve-se atacar o que é fraco e evitar o que é forte.

31

A água escolhe o seu percurso de acordo com o terreno que atravessa.

O guerreiro busca a vitória de acordo com o inimigo que enfrenta.

32

Assim como a água não tem uma forma definida, as táticas militares também não podem ser demasiadamente rígidas.

33

Aquele que nasceu para comandar é capaz de modificar suas táticas de acordo com cada oponente, para com isso conquistar a vitória.

34

Os cinco elementos (água, fogo, madeira, metal e terra) não têm sempre a mesma predominância, as quatro estações seguem-se umas às outras, há dias curtos e dias compridos, a Lua tem fases minguantes e crescentes.

Da mesma forma, há uma tática apropriada para cada batalha, de acordo com a situação do inimigo.

7
MANOBRAS

1

Sun Tzu disse: Na guerra, o general recebe os seus comandos do soberano.

2

Após reunir o exército e concentrar as suas forças, as tropas têm que se misturar e harmonizar os seus diferentes elementos; faça isso antes de levantar o acampamento.

3

Depois vêm as manobras táticas, que são a parte mais difícil de realizar.
A dificuldade das manobras táticas deve-se à necessidade de transformar o sinuoso em direto, a desvantagem em vantagem.

4

Deve-se iludir o inimigo a tomar o caminho mais longo, e tentar alcançar o objetivo antes que ele demonstre seus conhecimentos na arte da manipulação.

5

Manobrar um exército pode ser vantajoso, mas torna-se muito perigoso se os soldados forem indisciplinados.

6

Ao movimentar um exército totalmente equipado para tentar obter vantagem, há uma grande hipótese de não conseguir chegar a tempo.

Por outro lado, o envio de um destacamento ligeiro implica deixar para trás provisões e equipamentos.

7

Ao obrigar os seus homens a largarem o seu equipamento e avançarem dia e noite sem parar, percorrendo o dobro da distância habitual de uma só vez, e fazer cem quilômetros em busca de uma vantagem mínima, os comandantes das suas tropas serão capturados.

8

Os homens mais fortes irão na frente, os mais cansados ficarão para trás. Assim, apenas um décimo do exército chegará ao seu destino.

9

Se percorrerem cinquenta quilômetros para rodear o inimigo, perderá apenas o líder da primeira divisão e metade das suas forças chegará ao seu destino.

10

Se percorrer trinta quilômetros, dois terços do exército chegará ao seu destino.

11

Podemos concluir que um exército sem o seu equipamento e sem mantimentos estará perdido.

12

Não podemos formar alianças sem conhecer as intenções dos nossos vizinhos.

13

Não será capaz de liderar um exército aquele que não conhece as características do terreno — montanhas, florestas, precipícios, pântanos etc.

14

Não será capaz de tirar vantagem do ambiente que o rodeia se não buscar o conhecimento dos habitantes locais.

15

Na guerra, aquele que dissimula as suas intenções vencerá.

16

Juntar ou dispersar as suas forças é decidido pelas circunstâncias.

17

Deve fazer com que a sua rapidez seja igual à do vento, e a sua concentração igual à da floresta.

Deve investir e atacar como o fogo; e quando imóvel, se defender como a montanha.

Que os seus planos sejam escuros e impenetráveis como a noite, e os seus movimentos sejam como um raio.

18

Quando atacar aldeias, que os despojos sejam divididos pelos homens; quando conquistar terras, que sejam divididas em lotes e distribuídas entre os seus soldados.

19

Reflita e pondere antes de agir.
Aquele que domina a arte da manipulação, conquistará. Assim é a arte das manobras militares.

20

O *Livro de administração militar* diz que, no campo de batalha, a palavra proferida não chega longe: por isso se usam tambores e gongos.
Os objetos ordinários não podem ser vistos a distância, daí a necessidade de usar bandeiras e estandartes.

21

Gongos, tambores, estandartes e bandeiras são a forma de captar a atenção dos olhos e dos ouvidos das tropas.

22

Cada tropa deve formar uma só massa, não podendo os bravos avançarem sozinhos, nem os covardes se retirarem sozinhos.
Esta é a arte de lidar com um exército numeroso.

23

Quando a noite chega ao campo de batalha, usam-se sinais de fogo e tambores; durante o dia usam-se bandeiras e estandartes. Tudo isso serve para captar a atenção dos soldados.

24

Todo um exército pode ser desmoralizado; um comandante pode perder a sua presença de espírito.

25

O espírito de um soldado é mais agudo pela manhã, ao meio-dia começa a esmorecer, à noite apenas pensa em regressar ao acampamento.

26

Um general inteligente evita confrontar o inimigo quando o seu ânimo está afiado, procura-o quando o ânimo esmorece, quando o cansaço toma conta dele.
Essa é a arte de estudar o moral das tropas inimigas.

27

Um general disciplinado e calmo espera o surgimento de desordem e inquietação no inimigo.
Essa é a arte do autocontrole.

28

Estar perto do objetivo enquanto o inimigo ainda está longe; aguardar com calma enquanto o inimigo se agita; alimentar-se bem enquanto o inimigo tem fome.

Essa é a arte de controlar a força.

29

Evitar atacar um inimigo que tem os estandartes altos e alinhados; evitar atacar um exército calmo e confiante.

Essa é a arte de estudar as circunstâncias no campo de batalha.

30

Axiomas das manobras militares: nunca atacar um inimigo que está mais alto, nunca se opor a ele quando ataca vindo de cima.

Não perseguir um inimigo que simula uma fuga, nunca atacar soldados descansados e inteligentes.

Desconfiar do engodo do inimigo, não impedir o regresso a casa de um exército.

Quando cercar um inimigo, deixe sempre uma saída, não subestime um soldado desesperado.

Esses são os caminhos da arte da guerra.

8
AS NOVE VARIÁVEIS

1

Sun Tzu disse: Na guerra, o general recebe as suas ordens do soberano, reúne o seu exército e concentra as suas forças.

2

O general deve então atentar para estes fatores ao conduzir as tropas para o campo de batalha:

Quando o terreno é difícil, não levantar acampamento.

Em terras em que as estradas principais se cruzam, procurar formar alianças.

Não passar muito tempo em locais perigosos e isolados.

Quando pressionado, deve recorrer a estratégias; quando desesperado, deve lutar.

3

Há estradas que não devem ser percorridas, exércitos que não devem ser atacados, cidades que não devem ser capturadas, posições que não se deve desafiar, comandos do soberano que não devem ser obedecidos.

4

O general que compreende as vantagens de alterar estratégias sabe como lidar com as suas tropas.

O general que não as compreende, pode conhecer bem o terreno, no entanto não será capaz de tirar proveito disso.

5

Assim, o estudante da arte da guerra que usa estratégias rígidas, mesmo que familiarizado com as cinco formas de adquirir vantagem, não conseguirá fazer o melhor uso do poder de seu exército.

6

Dessa forma, um líder sábio levará em consideração não só as vantagens, mas também as desvantagens.

7

Se as previsões de sucesso forem desenvolvidas tendo isso tudo em atenção, poderemos cumprir a parte essencial dos nossos planos.

8

Se, por outro lado, no meio das dificuldades conseguirmos aproveitar uma vantagem que surja, podemos alterar o resultado em nosso favor.

9

Subjugue o inimigo atacando-o; provoque-o, mantenha-o ocupado, prepare iscas para o atiçar, faça-o correr para onde você deseja.

10

A arte da guerra nos ensina a não confiar que o inimigo não apareça, mas sim na nossa capacidade para enfrentá-lo; a não esperar que ele desista do ataque, mas antes tornar nossa posição incontestável.

11

Há cinco fraquezas fatais para um general:

a. Descuido, que leva à destruição;
b. Covardia, que leva à captura;
c. Impulsividade, que pode ser provocada por insultos;
d. Ser obcecado com a Honra, que o torna fraco ante a vergonha;
e. Ser demasiado benevolente com os seus homens, ficando excessivamente exposto às suas preocupações e seus problemas.

12

Esses são os cinco sinais da ruína de um general.

Quando um exército é derrotado e seu líder aniquilado, a causa provavelmente estará entre essas cinco falhas. Que elas sejam objeto de cuidadosa meditação.

9
MOVIMENTAÇÕES

1

Sun Tzu disse: chegamos agora à questão de levantar o acampamento e procurar sinais do inimigo.

2

Atravesse rapidamente as montanhas e mantenha-se perto dos vales.

Estabeleça o acampamento em lugares altos, de frente para o sol; não escale montanhas para lutar.

É tudo sobre o combate em montanhas.

3

Após atravessar um rio, deve-se afastar dele.

Quando as forças invasoras atravessam um rio, não vá ao encontro delas; nunca lute dentro d'água. É preferível deixar que parte do exército atravesse antes de atacar.

Se os homens estão ansiosos por lutar, não devem enfrentar o inimigo junto a um rio que tem de ser transposto.

MOVIMENTAÇÕES

Estabeleça-se sempre em local mais alto que o inimigo, de frente para o sol, a montante do adversário. Nunca suba um rio para enfrentar o inimigo.

É tudo sobre o combate em rios.

4

Ao atravessar pântanos, você deve se preocupar unicamente em atravessá-los rapidamente.

Caso não tenha a chance de evitar o confronto em pântanos, deve se postar próximo de água e ervas, com árvores atrás de si.

É tudo sobre o combate em pântanos.

5

Em terreno seco e plano, ocupe uma posição facilmente acessível, com terreno mais elevado à sua direita e atrás de si, para que o perigo esteja à sua frente e a segurança atrás de si.

É tudo sobre o combate em terreno plano.

6

Esses foram os quatro pressupostos militares que permitiram ao Imperador Amarelo derrotar os quatro imperadores.[9]

7

Os exércitos preferem as terras altas às baixas, os lugares ensolarados aos sombrios.

8

Se tiver cuidado com os soldados e acampar em terrenos sólidos, o exército estará livre de doenças de todos os tipos, e lhe trará a vitória.

9

Ao encontrar colinas ou encostas, ocupe o lado do sol, com a encosta à sua direita e atrás de si.

Assim, estará beneficiando os seus soldados e utilizando as vantagens do terreno.

10

Quando, por consequência de chuvas fortes, o rio que pretende atravessar estiver muito caudaloso e salpicado de espuma, espere até que suas águas se acalmem.

11

Terras onde haja precipícios com rios ao fundo, gargantas, espaços apertados, matas fechadas, pântanos, fossos devem ser evitadas; passe ao largo delas.

12

Se, por um lado, é bom afastar-se desses locais, você deve obrigar o inimigo a aproximar-se deles; quando enfrentar o exército

MOVIMENTAÇÕES

inimigo, deve procurar que a via de fuga dele esteja cortada por esses lugares.

13

Se ao redor do seu acampamento houver terrenos com colinas, lagos rodeados por plantas aquáticas, canaviais ou vegetação densa, eles devem ser cuidadosamente examinados e vigiados, pois são locais propícios a emboscadas, ou que poderão esconder espiões.

14

Quando o inimigo está perto e calmo, é sinal de que está confiante na superioridade da sua posição.

Quando se mantém à distância e tenta provocá-lo, é porque está impaciente para que você avance.

15

Se o acampamento inimigo é facilmente acessível, ele o está tentando atrair com um chamariz.

16

Movimento nas árvores indica que o inimigo avança. O surgimento de indícios entre grama espessa significa que o inimigo está tentando confundi-lo.

17

O voo de pássaros indicia uma emboscada. Animais assustados indicam um ataque iminente.

18

Quando o pó se levanta em colunas altas, é sinal do avanço de carruagens; quando o pó é baixo e extenso, indica a aproximação de infantaria; quando se divide em várias direções, indica que vários destacamentos foram enviados para recolher lenha.

Nuvens de pó no mesmo local indicam que o exército levanta acampamento.

19

Palavras moderadas enquanto os preparativos para a batalha estão ao seu final são sinais de que o inimigo se prepara para avançar.

Linguagem violenta e ameaças de ataque são sinais de que ele irá se retirar.

20

Quando as carruagens ligeiras avançam à frente e tomam posição nas alas laterais, é sinal de que o inimigo está em formação de ataque.

21

Tratados de paz não acompanhados de documentos escritos são sinal de conspiração.

22

Quando há muita agitação e os soldados se alinham, o momento crítico chegou.

23

Quando alguns soldados avançam e os demais se afastam, é uma armadilha.

24

Quando os soldados se apoiam nas lanças, estão cansados e com fome.
Se os soldados que vão buscar água a bebem primeiro, o exército está passando sede.

25

Se o inimigo não aproveitar uma oportunidade de obter vantagem, é sinal de que os seus soldados estão exaustos.

26

Os pássaros apenas se juntam em lugares desocupados. Barulho de noite é sinal de nervosismo.

27

Se há confusão no acampamento, a autoridade do general está diminuindo.

Se os estandartes e as bandeiras se agitam, há desordem e revolta no horizonte.

Se os oficiais estão nervosos significa que os seus homens estão exaustos.

28

Quando um exército alimenta os seus cavalos com cereais e mata gado para comer, e quando os homens não põem as panelas sobre as fogueiras, indicando que não voltarão às tendas, é sinal de que estão dispostos a lutar até a morte.

29

Homens em pequenos grupos, a sussurrar ou a falar num tom de voz submisso, indica discórdia entre as tropas.

30

Recompensas demasiado frequentes significam que os fundos do inimigo estão perto da exaustão. Muitos castigos indiciam que os oficiais estão nervosos.

31

Atacar violentamente para depois se acovardar quando diante do inimigo demonstra grande falta de inteligência.

32

Quando os enviados do inimigo são corteses e amáveis, é sinal de que buscam uma trégua para o conflito.

33

Se as tropas do inimigo se aproximam do campo de batalha e ficam somente observando, sem atacar nem fugir, a situação exige vigilância e reflexão.

34

Se as tropas do inimigo são em igual número das nossas, não estamos em desvantagem, apenas significa que não se pode fazer um ataque direto.

O que podemos fazer é concentrar todas as nossas forças disponíveis e pedir reforços.

35

Aquele que não antecipa os movimentos do adversário e o subestima, será capturado por ele.

36

Se os soldados são castigados antes de haverem se tornado leais, nunca serão submissos. Um soldado que não é submisso não tem utilidade.

37

Se soldados leais não forem punidos quando necessário, acabarão por se tornar igualmente inúteis.

38

Os soldados devem ser tratados com humanidade, mas sob disciplina rigorosa e imparcial. Este é o caminho para a vitória.

39

Se os soldados forem treinados para cumprir as ordens, o exército será disciplinado. Caso contrário, a indisciplina será uma fonte de problemas.

40

Se um general mostra confiança nos seus homens, mas insiste que as suas ordens sejam cumpridas, o ganho será mútuo e se estenderá a todo o país.

10
TERRENO

1

Sun Tzu disse: Há seis tipos de terreno a serem dominados:
Terreno acessível;
Terreno traiçoeiro;
Terreno duvidoso;
Passagens estreitas;
Alturas vertiginosas;
Terrenos distantes do inimigo.

2

O terreno que pode ser atravessado livremente por qualquer lado é chamado de terreno acessível.
Nesse tipo de terreno, seja o primeiro a ocupar os locais altos e ensolarados; procure manter livres as suas linhas de abastecimento.
Assim, começará a batalha em vantagem.

3

O terreno que pode ser abandonado mas que é difícil de se reocupar é chamado de terreno traiçoeiro.

Num desses locais, se o inimigo não estiver preparado, pode avançar e derrotá-lo.

Mas se o inimigo estiver pronto para recebê-lo, e você não o conseguir suplantar, a retirada será difícil e o pior acontecerá.

4

Quando o terreno é de tal forma que nenhum dos oponentes possui vantagem em ser o primeiro a atacar, chama-se terreno duvidoso.

Nesse tipo de terreno, mesmo que o inimigo nos apresente um chamariz irresistível, não é aconselhado avançar; ao invés, devemos retroceder, obrigando assim o inimigo a se movimentar.

Quando parte do exército inimigo tiver avançado, podemos então atacar, com alguma vantagem.

5

No que diz respeito às passagens estreitas, se puder ocupá-las primeiro, deve-se fortificar a sua posição rapidamente e esperar a aproximação do inimigo.

Se o exército inimigo ocupar primeiro a passagem, tenha atenção às defesas que ele levanta: se montar uma defesa muito fortificada na passagem, não o persiga.

6

No que diz respeito às alturas vertiginosas, se ocupá-las antes do inimigo, deve fortificar os locais mais altos e ensolarados e aguardar a aproximação do inimigo.

Se o inimigo ocupá-los primeiro, não o persiga. Antes procure fazê-lo abandonar as posições que ocupou.

Se a distância que o separa do inimigo é longa e a força dos dois exércitos semelhante, não é fácil provocar uma batalha, mas ainda assim se decidir avançar estará em clara desvantagem.

7

Esses seis princípios estão ligados a terra. Um comandante responsável deve estudá-los cuidadosamente.

8

Um exército está exposto a seis perigos que não surgem de causas naturais, mas antes de erros que o comandante pode cometer:

a. Fuga;
b. Insubordinação;
c. Colapso;
d. Ruína;
e. Desorganização;
f. Derrota.

9

Se todas as condições forem iguais, se uma força enfrentar outra dez vezes superior, o resultado é a fuga.

10

Quando os soldados são fortes e os comandantes incapazes, o resultado é a insubordinação.

11

Quando os comandantes são demasiado rígidos e os soldados fracos e descuidados, o resultado é o colapso.

12

Quando os comandantes são impetuosos e insubordinados, ao enfrentar o inimigo ignoram as ordens do general; dessa forma, quando iniciam o ataque antes do momento certo e lutam cegos pela raiva, o resultado é a ruína.

13

Quando o general é fraco e incapaz, as suas ordens não são claras nem objetivas, não são dadas tarefas adequadas aos comandantes e aos soldados, e as fileiras não são organizadas de forma disciplinada; o resultado disso tudo é a desorganização total.

14

Quando um general, incapaz de calcular a força do inimigo, permite que uma força inferior enfrente uma força superior, ou envia um destacamento fraco contra um forte, subestimando a força do inimigo, o resultado é a derrota.

15

Um bom general deve estudar cuidadosamente essas seis formas de cortejar a derrota.

16

Os relevos naturais do terreno são os melhores aliados dos soldados, mas a capacidade de estimar o poder do adversário, de controlar as forças da vitória e de entender as dificuldades, os perigos e as distâncias, são grandes testes às capacidades de um bom general.

17

Aquele que domina esse saber e o põe em prática quando luta, ganhará as suas batalhas.

Aquele que o desconhece ou não o pratica, será certamente derrotado.

18

Se o resultado previsto da batalha é sem dúvida a vitória, deve lutar, mesmo que o soberano o proíba.

Se vencer lhe parece impossível, não deve lutar, nem a pedido do soberano.

19

O general que avança sem cobiça ou que se põe em fuga sem temer a vergonha; cujo único desejo é proteger o seu país e prestar um bom serviço ao seu soberano; é ele o maior tesouro do reino.

20

Recompense os seus homens como as suas crianças, e eles o seguirão até aos mais profundos vales.

Cuide deles como cuida dos seus filhos, e eles ficarão ao seu lado até diante da morte.

21

No entanto, se for indulgente, mas incapaz de impor a sua autoridade; se for bondoso, mas não os conseguir comandar; mais ainda, se for incapaz de impedir a desordem; então os soldados serão como crianças mimadas, se tornarão inúteis para a guerra.

22

Quando sabemos que os nossos homens estão prontos para atacar, mas não conhecemos as capacidades do inimigo, apenas percorremos meio caminho rumo à vitória.

Quando conhecemos as fraquezas do inimigo, mas não sabemos a real condição dos nossos homens, apenas percorremos meio caminho na direção da vitória.

Quando conhecemos as fraquezas do inimigo e a condição dos nossos homens, mas desconhecemos o tipo de terreno nos campos de batalha, só temos igualmente metade da vitória assegurada.

23

Assim, o líder experiente comanda os seus soldados com um objetivo claro e uma estratégia bem definida.

Dessa forma, quando eles levantam o acampamento, a sua vitória já está garantida.

Daí o ditado: "Se conhecer o seu inimigo e conhecer a si mesmo, a vitória é garantida; se conhecer a terra e o céu, a vitória será completa".

11

AS NOVE VARIÁVEIS DE TERRENO

1

Sun Tzu disse: A arte da guerra reconhece nove variedades de terreno:

a. Terreno dispersivo;
b. Terreno fácil;
c. Terreno contencioso;
d. Terreno aberto;
e. Terreno de cruzamento de vias;
f. Terreno crítico;
g. Terreno difícil;
h. Terreno cercado;
i. Terreno desesperado.

2

Quando um exército luta em seu próprio território, está em terreno dispersivo.

3

Quando ele penetra alguns quilômetros em território hostil, encontra-se em terreno fácil.

4

O terreno que representa grande importância para ambos os lados em guerra é o terreno contencioso.

5

O terreno em que ambos os lados podem se movimentar livremente é um terreno aberto.

6

O terreno localizado numa posição-chave, com acesso a três ou mais Estados, onde aquele que o ocupe primeiro influenciará todo o império, é um terreno de cruzamento de vias.

7

Quando um exército penetrou profundamente em território hostil, deixando atrás de si muitas cidades fortificadas, está em terreno crítico.

8

Montanhas, florestas, montes escarpados, pântanos e zonas alagadas; todos os terrenos de travessia complicada são terrenos difíceis.

9

Um terreno que é acessível apenas por passagens estreitas, e de onde a retirada só pode ser feita por caminhos tortuosos, em que um pequeno número de inimigos pode com sucesso atacar nossas tropas, é um terreno cercado.

10

Um terreno onde a nossa sobrevivência depende de lutar, sem tempo para refletir, é um terreno desesperado.

11

Em terreno dispersivo, nunca se deve lutar.
Em terreno fácil, não se deve parar.
Em terreno contencioso, não se deve atacar.
Em terreno aberto, não se deve tentar bloquear o caminho do inimigo.
Em terrenos de cruzamento de vias, deve-se buscar a formação de alianças.
Em terreno crítico, deve-se saquear o inimigo.
Em terreno difícil, mantenha-se em marcha firme.
Em terreno cercado, recorra a estratégias.
Em terreno desesperado, lute.

12

Os grandes líderes antigos sabiam como separar a vanguarda e a retaguarda do inimigo.

Como impedir a cooperação entre a coluna principal e as divisões menores, como impedir que os soldados mais habilidosos socorressem os mais fracos, como impedir que os generais inimigos comandassem os seus homens.

13

Quando os soldados inimigos estavam unidos, eles conseguiam dispersá-los.

Quando era vantajoso avançavam; quando não era, defendiam com paciência a sua posição.

Quando questionados acerca de como lidar com um grande exército inimigo que marchava organizado ao seu encontro, a resposta seria:

"Comecem por capturar um bem precioso do inimigo. Assim, ele se vergará aos seus desejos."

14

A rapidez é a essência da guerra: ganhe vantagem com a falta de preparação do inimigo, trace o seu percurso por onde não é esperado, ataque os locais vulneráveis do adversário.

15

As forças invasoras devem observar os seguintes princípios:

Quanto mais avançar no território inimigo, maior deve ser a coesão dos seus soldados — assim, as forças defensoras não conseguirão detê-lo.

16

Saqueie as terras inimigas, quando necessário, para fornecer comida ao seu exército.

17

Atente para o bem-estar dos seus homens, não force demasiadamente o seu passo.

Concentre a sua energia e poupe a sua força. Mantenha o seu exército constantemente em movimento e conceba planos inesperados.

18

Coloque os seus homens em posições desesperadas, sem escape, em que a única solução será lutar. Se tiverem de encarar a morte, nada os poderá deter. Tanto os comandantes como os soldados irão utilizar toda a sua força.

Quando em situações desesperadas, os soldados perdem o medo. Se não há onde procurar refúgio, eles defenderão as suas posições; se estiverem em terrenos inimigos, formarão uma frente resistente; se não tiverem outro recurso, lutarão com todas as suas forças.

Assim, os soldados estarão em sobressalto, vigilantes, obedecerão sem questionar; serão incondicionalmente leais, e poderá confiar neles, seja qual for a situação.

19

Proíba todo o tipo de presságios e agouros, elimine todas as dúvidas e superstições.

Se o fizer, até que a morte venha, seus homens não terão medo ou dúvida em situação alguma.

20

Se os soldados não têm muito dinheiro, não é por não desejarem riqueza; se as suas vidas não são longas, não é por serem avessos à longevidade.

21

No dia em que recebem as ordens de marcha, os soldados podem chorar, sentir as lágrimas umedecerem a sua face e as suas roupas, mas no momento da batalha, mostrarão a coragem de Zhuan Zhu ou de Cao Gui.

22

Nota de um tradutor: Zhuan Zhu, sem temer a morte, atacou sozinho (e apenas munido de uma faca) o Duque de Huan, recuperando as terras que lhe haviam sido tomadas.

Cao Gui, criminoso da província de Wu, mesmo sabendo que receberia a pena capital, matou o rei Liao.

23

O estudante de tática militar pode ser comparado a Shuai-Jan.

Shuai-Jan é uma serpente que se encontra nas montanhas Chung. Se golpear a sua cabeça, será atacado pela cauda; se golpear a sua cauda, será atacado pela cabeça; se desferir um golpe no meio da serpente, será atacado pela cabeça e pela cauda.

Se perguntarem se um exército pode imitar a serpente Shuai-Jan, a resposta é "Sim".

24

Como sabemos, os homens de Wu e os homens de Yueh são inimigos.

No entanto, se o acaso forçá-los a viajarem no mesmo barco e, durante sua viagem, forem apanhados por uma tempestade, tentarão ajudar-se uns aos outros, como a mão direita ajudaria a mão esquerda.

25

Um conselho: não é suficiente confiar a sua sorte em amarrar os animais, nem em travar as rodas das carruagens, a fim de evitar as deserções em meio às suas tropas.

O princípio que rege um exército é criar um ideal de coragem a que todos ambicionem.

26

Tirar o melhor partido dos homens mais fortes e dos homens mais fracos é uma questão que implica o uso correto do terreno.

27

O general habilidoso conduz o seu exército como se ele fosse um único homem: pela mão.

28

Um general tem que ser discreto e sigiloso; correto e justo, mas deve buscar sempre manter a ordem.

29

Deve ser capaz de iludir os comandantes e os soldados com informações erradas e falsas aparências, mantendo-os assim ignorantes dos seus planos.

30

Alterando os seus preparativos e mudando os seus planos, esconde as suas intenções do inimigo; mudando o seu acampamento e tomando caminhos sinuosos, impede o inimigo de antecipar os seus objetivos.

31

No momento crítico, o líder de um exército age como aquele que ao fim de uma longa subida atira a escada ao precipício, ele leva os homens para o coração do território inimigo antes de dar a conhecer as suas intenções.

Queima os barcos e parte as panelas; assim como um pastor conduz um rebanho, ele conduz os seus homens enquanto ignoram o seu destino.

Pode-se dizer que o propósito de um general é reunir os seus homens e conduzi-los ao perigo.

32

As diferentes medidas adequadas aos nove tipos de terrenos; a vantagem do uso de táticas agressivas ou defensivas; as leis fundamentais da natureza humana — são esses os fatores que devem ser estudados.

33

Ao invadir um território hostil, o princípio geral é que a penetração profunda traz coesão entre os homens; uma penetração superficial significa dispersão.

34

Quando deixa os seus terrenos para trás, e conduz o seu exército através de território vizinho, está em terreno crítico.

35

Quando há meios de comunicação para todos os lados, está em um terreno de cruzamento de vias.

36

Quando avança para o interior de um país, encontra-se em terreno crítico; quando está apenas a alguns quilômetros da fronteira, encontra-se em terreno fácil.

37

Quando a fortaleza do inimigo está atrás de si e passagens estreitas surgem à frente, encontra-se em terreno cercado; quando não tem refúgio possível, está em terreno desesperado.

38

Assim, em terreno dispersivo você deve inspirar os seus homens a unirem-se por um objetivo; em terreno fácil, deve garantir que todas as tropas fiquem próximas.

Em terreno contencioso, deve manter a retaguarda à sua vista.

Em terreno aberto, deve ter atenção redobrada com a sua defesa; em terreno de cruzamento de vias, deve consolidar as suas alianças.

Em terreno crítico, deve assegurar o fluxo contínuo das suas provisões; em terreno difícil, deve seguir rapidamente ao longo das vias de comunicação.

Em terreno cercado, deve bloquear qualquer caminho de fuga; em terreno desesperado, deve encorajar os seus homens a lutar para terem uma morte honrada.

Pois essa é a capacidade de um soldado de opor resistência feroz quando cercado, de lutar violentamente quando não tem esperança, de obedecer sem questionar quando está em perigo.

39

Não se podem formar alianças com os soberanos vizinhos até as suas intenções serem conhecidas.

Não estamos preparados para liderar um exército até estarmos familiarizados com o terreno — montanhas e florestas, abismos, precipícios e pântanos. Não seremos capazes de tirar proveito das vantagens naturais sem fazer uso de guias locais.

Ignorar esses princípios não é proveitoso para um príncipe guerreiro.

40

Quando um príncipe guerreiro ataca um estado poderoso, as suas estratégias devem impedir a concentração das forças inimigas. Ele intimida os seus oponentes e aliados para que não lhe levantem oposição.

Assim, não se preocupa em fazer alianças com qualquer estado, nem em proteger o poder de outros estados. Leva a cabo os seus projetos privados, alimentando o medo dos seus oponentes.

Dessa forma, consegue capturar as suas cidades e destronar os seus reis.

41

Conceda recompensas sem regras definidas, dê ordens sem considerar medidas tomadas anteriormente.

Dessa forma, será capaz de lidar com todo um exército como se tratasse de apenas um homem.

42

Apresente aos seus soldados apenas os planos de ação, nunca deixe que eles saibam de suas estratégias ocultas.

Quando o resultado está à vista, deixe que eles o vejam; quando a situação não tem contornos definidos, não lhes dê pormenores.

43

Coloque o seu exército em perigo de morte, e eles sobreviverão; faça-o cair em situações desesperadas, e eles sairão em segurança.

Quando uma força se vê ameaçada, ela é capaz de transformar a derrota em vitória.

44

O sucesso de uma campanha é alcançado se nos prepararmos para as intenções do inimigo.

Manter uma posição no flanco inimigo, pacientemente, até surgir uma oportunidade de atacar o seu general.

A isso se chama "conseguir atingir um objetivo usando astúcia e engenho".

45

No dia em que assumir o comando, feche as fronteiras, destrua todos os registros oficiais, impeça a passagem de qualquer tipo de emissário.

Seja inflexível junto aos seus conselheiros, assuma sempre o controle da situação.

Se o inimigo deixar uma porta aberta, aproveite a oportunidade.

46

Previna-se contra o seu inimigo capturando algo que lhe é valioso, e com isso controle os seus movimentos.

47

Siga as regras e os procedimentos, estude o inimigo, até estar preparado para travar a batalha final.

A princípio, aparente a submissão de uma donzela, até o inimigo lhe dar uma oportunidade...

Então, avance rápido como uma lebre; dessa forma, o inimigo não terá tempo de lhe fazer oposição.

12

ATAQUES COM O EMPREGO DE FOGO

1

Sun Tzu disse: Há cinco formas de se atacar o inimigo usando fogo — queimar os soldados em seu acampamento; queimar as suas provisões; queimar o seu equipamento; queimar o seu arsenal e as suas munições; lançar labaredas de fogo no meio dos soldados.

2

Para executar um ataque, devemos ter os meios necessários. O material para atear o fogo deve estar sempre disponível.

3

Há uma época específica para fazer um ataque com fogo, há dias em que não é o mais indicado fazer esse tipo de ataque.
A época ideal é quando o tempo está seco; os dias favoráveis são quando a Lua está nas constelações da Cesta dos Ventos, da Muralha, da Asa ou do Estribo, pois esses são dias de ventos fortes.

4

Ao atacar com fogo, devemos estar preparados para cinco possíveis situações:

a. Quando o acampamento do inimigo começa a arder, ataque imediatamente;
b. Se o fogo começar, mas os soldados permanecerem tranquilos, aguarde o momento certo para atacar;
c. Quando o fogo estiver na sua força total, ataque se for possível, se não, mantenha as suas posições;
d. Se for possível lançar um ataque de fora do acampamento, não entre no acampamento até que o fogo se alastre. Escolha o momento certo para atacar;
e. Quando iniciar um ataque, esteja sempre a favor do vento, nunca contra ele.

5

O vento que se levanta durante o dia dura por muito tempo, já uma brisa noturna se acalma depressa.

6

Em todos os exércitos, as cinco situações ligadas ao fogo devem ser conhecidas, os movimentos das estrelas calculados, os dias corretos observados.

7

Aqueles que usam o fogo para ajudar no ataque mostram inteligência; aqueles que usam água adicionam outra vantagem ao seu ataque.

8

Com a água pode-se parar um inimigo, mas a água não lhe tira todos os seus bens.

9

Um destino sombrio aguarda aquele que ganha as suas batalhas e vence os seus ataques sem um propósito definido, pois o resultado é uma perda de tempo e de esforço.

Daí o ditado: "O soberano iluminado traça os seus planos com antecedência; o bom general estima os seus recursos".

10

Não ataque, a menos que seja para obter vantagem, não use as suas tropas sem que haja algo a ganhar, não lute a menos que seja estritamente necessário.

Um soberano não deve enviar as suas tropas por mero rancor; um general não deve travar uma batalha por capricho.

Se vai ganhar vantagem, avance, se não, mantenha suas posições.

Com o tempo, a raiva esmorece e a vergonha passa.

Mas um reino destruído não voltará à sua grandeza; os homens mortos não poderão ser ressuscitados.

Dessa forma, um soberano iluminado é prudente, um bom general é cauteloso. Assim se mantêm um país em paz e um exército intacto.

13

UTILIZAÇÃO DE AGENTES SECRETOS

1

Sun Tzu disse: Reunir um exército de 100 mil homens e fazê-los percorrer grandes distâncias desgasta tanto os homens como os cofres do estado.

As despesas por dia chegarão a trinta quilos de prata. Haverá sentimentos de revolta em casa e no campo de batalha, os homens cairão exaustos pelo caminho.

Ao convocar 100 mil homens, 700 mil famílias terão o seu trabalho no plantio e nas colheitas dificultado.

2

Nota de um tradutor: Nessa época, oito famílias formavam uma comunidade. Quando uma família enviava um homem para se unir ao exército, as sete famílias contribuíam para o seu apoio. Portanto, quando um exército de 100 mil foi mobilizado, foram 100 mil famílias que deram seus filhos e, por conseguinte, 700 mil famílias ficaram com a incumbência de apoiá-los.

3

Exércitos hostis podem confrontar-se durante anos, lutando por uma batalha que poderá ser decidida num único dia.

Assim, ignorar as condições do inimigo somente pela avareza em gastar três quilos de prata em tributos e salários[10] indica total falta de humanidade.

Aquele que age dessa forma não é um bom líder para os seus homens, não é bom conselheiro para o seu soberano, não domina a arte da guerra.

4

O que permite a um soberano iluminado e a um bom general atacar e vencer e conseguir feitos além do alcance do homem normal é o conhecimento prévio do que vai acontecer no campo de batalha.

Esse conhecimento profundo não pode ser obtido da consulta aos espíritos, nem retirado somente da experiência prévia, nem deduzido ou calculado de alguma forma.

O conhecimento das estratégias e intenções do inimigo apenas pode ser obtido por meio dos espiões.

5

Para isso, usam-se espiões que podemos dividir em cinco grupos:
   a. Espiões locais;
   b. Espiões internos;
   c. Espiões convertidos;
   d. Espiões condenados;
   e. Espiões indispensáveis.

Quando esses cinco tipos de espiões estão todos em operação, ninguém pode descobrir tal sistema secreto.

A isso se chama "a manipulação divina dos fios". É a capacidade mais valiosa do soberano.

6

O uso de espiões locais implica empregar os serviços dos habitantes locais.

7

O uso de espiões internos implica ter a seu serviço homens infiltrados no exército inimigo.

8

O uso de espiões convertidos é feito subornando os espiões do inimigo e usando-os em proveito próprio.

9

Os espiões condenados são homens que agem propositadamente à vista, de forma a serem descobertos, para iludir o inimigo, e ao mesmo tempo permitir que os nossos espiões infiltrados e convertidos os denunciem ao inimigo, obtendo a sua confiança.

10

Os espiões indispensáveis são os especialistas na arte da furtividade e da dissimulação, que sempre nos trazem informações vitais do acampamento inimigo.

11

É por esses motivos que, em todo o exército, deve-se manter uma boa proximidade com os espiões; ninguém deve ser melhor recompensado, os seus segredos devem ser os mais bem guardados.

12

Para usar proveitosamente os espiões, é necessário ter inteligência, sagacidade e intuição.

Para lidar devidamente com eles, é necessário agir com benevolência e sinceridade.

Só uma mente engenhosa e sutil pode obter informações verdadeiras dos espiões.

13

Sutilmente e sem alvoroço, utilize os seus espiões para todo o tipo de tarefas.

14

Se um espião divulgar uma informação antes do momento certo, deve ser morto, bem como todos a quem ele possa ter passado a informação.

15

Quer o objetivo seja destruir um exército, atacar uma cidade ou assassinar um indivíduo, é preciso saber os nomes dos ajudantes de campo, dos guardas, das sentinelas, dos serventes... Os nossos espiões devem nos providenciar todas essas informações.

Os espiões inimigos que nos observam devem ser detectados, subornados, tratados com todos os luxos, para que eles passem a servi-lo, e assim se tornem espiões convertidos.

16

É por meio das informações que obtemos dos espiões convertidos que é possível encontrar e posicionar os espiões locais e os espiões internos.

É também com essas informações que podemos fazer os espiões condenados levarem falsas informações ao inimigo.

É também com essas informações que podemos fazer uso dos espiões que tenham sobrevivido a situações de perigo iminente.

17

O objetivo da espionagem, em todas as suas formas, é reunir informações acerca do inimigo.

Essas informações provêm em primeira instância dos espiões convertidos. Assim, é necessário recompensar muito bem esses espiões.

18

Na história antiga, a ascensão da dinastia de Yin foi devido a I Chih ter sido o ministro da dinastia Hsia; e a ascensão da Dinastia de Chou foi devido a Lu Ya, o ministro anterior de Yin.

Assim, só o soberano iluminado e o general inteligente farão uso da mais alta organização no exército, para espionar os seus oponentes e dessa forma conseguir grandes feitos.

Os espiões são o elemento fundamental na guerra, pois é deles que o exército depende para se movimentar.

NOTAS DE FIM

1. Para mais detalhes acerca do Tao, conceito-chave filosófico do taoismo, recomendamos a leitura do *Tao Te Ching* de Lao-Tsé. (Todos os trechos do *Tao Te Ching* expostos nesta edição foram retirados da tradução de Rafael Arrais.)

2. Segundo Aoi Kuwan, autora do blog Magia Oriental e grande estudiosa da mitologia chinesa, "O símbolo mais conhecido do Taoísmo é o Yin-Yang, ou o *Taiji*. Sua imagem consiste em um círculo dividido em duas formas semelhantes a gotas de água, cada uma contendo dentro de si um pequeno círculo da cor oposta.

"O círculo dividido em duas cores opostas, podendo ser apresentado em preto e branco ou vermelho e branco — que são cores opostas para o Oriente —, representa o Dois, as duas forças opostas do Universo, o Yin e o Yang, que vem do Um, o Tao, e as quais darão origem ao mundo manifesto.

"O Yin e o Yang, por vezes denominados de o obscuro e o luminoso, respectivamente, são dois conceitos simbólicos que têm origem na observação da natureza: observando uma montanha, os taoistas diferenciaram dois lados em relação à luz, o lado luminoso e o lado sombrio. Yang representa o lado sul da montanha, que é ensolarado; Yin representa o lado norte, que se encontra à sombra. Também os taoistas observaram os rios, no entanto, o lado norte é representado por Yang, pois é nesse lado que se reflete a luz; já Yin representa o lado sul, que está à sombra. O cerne está, portanto, na constatação de um lado luminoso e de um lado obscuro na natureza, que gerou o conceito de Yin e Yang como duas forças opostas do Universo — como duas polaridades opostas."

3. Há aqui uma similaridade enorme com este trecho do verso 31 do *Tao Te Ching*: "As armas podem nos parecer tão belas, mas o que são senão instrumentos de mau agouro? Poderíamos ainda acrescentar, 'odiosas a todas as criaturas'. Dessa forma, aqueles que seguem o Caminho jamais gostam de empregá-las".

4. *A arte da guerra* foi escrito durante o assim chamado período dos Estados Guerreiros da antiga China, que durou do v ao III século a.C. Constituiu uma época de prolongada desintegração da dinastia Chou, que fora fundada havia mais de quinhentos anos pelos sábios políticos que escreveram o *I Ching*. O colapso da antiga ordem foi marcado pela desestabilização das relações entre os Estados e pelo estado de guerra interminável entre os príncipes feudais aspirantes à hegemonia em meio aos padrões de aliança e oposição sempre em mudança, até que eventualmente todo o vasto território chinês foi unificado sob o comando do imperador Qin.

5. A relação dessa passagem com os modernos ataques aéreos é totalmente acidental. Considerando a época em que foi escrita, Sun Tzu provavelmente se referia a ataques originados do topo de montes e montanhas, encurralando as tropas inimigas em vales. Até hoje, entretanto, ainda é plenamente válida a regra que afirma que o ataque vindo do alto, de cima para baixo, é o mais vantajoso.

6. Nova referência ao Tao, também chamado de "O Caminho Perfeito" ou, simplesmente, "O Caminho" (ver nota 1).

7. Na antiga China, havia cinco notas musicais (*gongo*, *shang*, *jue*, *zhi* e *yu*); cinco cores básicas (azul, amarelo, vermelho, branco

e negro); e cinco sabores cardeais (amargo, azedo, picante, salgado e doce).

8 Seguir o caminho do "menor esforço", ou seja, deixar que os eventos fora de nosso controle se desenrolem naturalmente, para somente quando for possível alterá-los tomarmos decisões é outro dos preceitos do taoismo que permeiam esta obra (ver nota 1).

9 O Imperador Amarelo é conhecido no Oriente como Huang Di. Ele foi um dos Cinco Imperadores, reis lendários sábios e moralmente perfeitos que teriam governado a China após o período de milênios regido pelos também lendários Três Soberanos.

O Imperador Amarelo teria reinado de 2698 a 2599 a.C. É considerado o ancestral de todos os chineses da etnia Han e o introdutor do antigo calendário chinês.

Os quatro imperadores eram os líderes das quatro grandes tribos derrotadas pelo Imperador Amarelo durante o seu reinado.

10 Ao que parece, este era o custo dos serviços de um bom grupamento de espiões.

Veríssimo

ESTA OBRA FOI IMPRESSA
EM JANEIRO DE 2025